32188

4ème Mémoire publié.   12 Juin 1848.

Mon mémoire terminé en livré au Public à Bordeaux le 10 Juin dernier, Une nouvelle tourmente est venue ajouter d'autres épreuves à celles dont j'ai tant souffert auxquelles j'ai tant résisté. Elle rend nécessaire un nouveau mémoire. J'avais laissé ma plume je la reprends. Ce sont encore des faits que je vais classer dans leur ordre en je n'y ajouterai que ce qui sera nécessaire pour en établir la filiation.

Mr. de Chancel devait chaque jour me remettre ou des notes ou un Mémoire pour mon avocat à la Cour de Cassation en je ne pus être que désagréablement surpris lorsque il se borna à me donner les notes incomplètes dont il s'était servi dans ma défense du 23 Février devant la Cour Royale. Parmi ces notes écrites de la main de Mr. de Chancel, je trouvai une écriture étrangère la Copie de l'Ordonnance de non lieu de 1839 celle qu'on avait présentée dans les débats de la Cour en pour laquelle il est inutile que je répète ce que j'en ai dit. Ces notes, cette Ordonnance furent immédiatement adressées à Me. Fabre à Paris; en frappé du changement de cette Ordonnance je voulus que mon avocat devant la cour de Cassation en fut frappé aussi, en en lui écrivant une lettre le 12 Juin, j'entrai à ce sujet dans des détails, une analyse que je présente ici sous le titre examen en analyse de la copie de l'Ordonnance de non lieu de 1839 présentée faussement devant la Cour de Bordeaux non envoyée à la Cour Suprême de Paris. En je fais précéder cette analyse de la Copie de cette Ordonnance elle même.

Copie de la soi-disant Ordonnance de non lieu de 1839.

24 Juillet 1839.

Attendu que des faits révélés par l'information, il résulte que plusieurs particuliers de cette ville en des environs se seraient présentés chez le Sr. Jacob Vaz afin qu'il leur procurât des fonds, ou quoique ce soit la négociation d'effets dont ils étaient porteurs Que le Sr. Vaz ne lui remettait souvent en échange qu'une partie des fonds en d'autres valeurs qui quelquefois n'étaient pas payées en revenaient au Sr. Vaz; qu'il s'établissait dès ce moment entre les Emprunteurs en le prêteur un Compte Courant auquel disent les Emprunteurs ils ne comprenaient bientôt rien — que de cette manière le Sr Vaz de trouvair maître de leur position en augmentant à son gré le chiffre de la créance.

Que des Instances soient mêmes pendantes au sujet de ce compte devant les Tribunaux compétents.

Attendu que quelques Immoraux que soient ces actes en les supposant vrais comme ils paraissent vraisemblables par suite de la déposition de plusieurs Témoins, ils ne sauraient constituer de la part du Sr Vaz Jr un délit d'escroquerie ni d'abus de confiance; que l'on ne pourrait non plus y trouver le délit d'usure, car un seul témoin déposerait d'une perception d'Intérêts à 12 p% sans indiquer sur quelle Somme et pendant quel temps ces intérêts auraient été perçus.

Attendu dès lors que les faits dévoilés par les témoins constituent des actes de la Compétence des Tribunaux civils qui ont le pouvoir de les flétrir en en constatant l'Existence en échappent à l'application des lois Criminelles.

Pour ces motifs la chambre du conseil déclare qu'il n'y a pas lieu à poursuivre contre le Sr Jacob Vaz.

Analyse de l'Ordonnance tronquée de non lieu de 1839 produite au débat de 1848 — sur la copie qui en a été prise.

Cette ordonnance a été tronquée aux preuves que j'en ai eu qui remontent à plus de 5 à 6 années, je trouve la plus forte et la plus décisive dans le libellé même où les termes de cette ordonnance tourmentée, arrangée par les habiles du parquet.

Il suffit de rappeler cette coalition de 1839, ce qu'elle fut, comment elle se forma, les éléments dont on a essayé de la Composer en ce qu'on fit après pour ensevelir ce fatras indigeste.

De quoi s'y agissait-il? d'une plainte, d'un prétendu reproche d'usure — inutile de répéter ce qu'étaient ces témoins, comment ils se trouvaient tous mes débiteurs par titres et Condamnation reconnus de 5 ou 6 années insolvables en en déconfiture et comment dans cette infâme et sale négociation un Sr Crespy, Brezets, Dizaute-Lacoste, Bezombes, Gaussens, y étaient aussi les plus mal placés.

Cela dit et posé — Et qui le contestera — que l'on ou dans les premières lignes de cette Ordonnance, toujours suivant la copie que j'ai sous les yeux, car le parquet de Bordeaux a eu la prudence ou il la coutume de ne pas envoyer à Paris avec le dossier cette Ordonnance qu'il a mutilée en vain sur le lit de Procuste.

On y lit :
« Attendu que des faits révélés &c. jusqu'à dont ils étaient porteurs. »

N'est-ce pas la plus étrange contradiction entre ce qui est en ce qu'on dit, le prétendu reproche d'usure fait dans la plainte — en chaque ligne, chaque mot n'y sont-ils pas un mensonge, une idéalité prise hors du cercle ou l'on était placé par cette plainte.

Encore une fois, qu'était la plainte de 1839 ? un reproche d'usure, d'Escompter excessifs et rien de plus, comment l'instruction, le rapport et l'Ordonnance deviendraient ils autre chose : c'est impossible.

« Que le Sr Vaz, continue l'Ordonnance ne leur remettait souvent « en échange &c. — jusqu'à en augmentait à son gré le chiffre de la Créance. »

Que signifient ce hors d'œuvre, cette symétrie de mots — ces comptes Courants dont vestige n'est pas produit — de qui se moque-t-on donc dans cette bouffonnerie ?

Je continue les Citations.
« Que des Instances sont mêmes pendantes au sujet de ces comptes devant les Tribunaux compétents. »

Il n'existait alors aucune instance à ce sujet ; il ne pouvait pas y en exister — le dire c'est mentir, avec audace sans doute, mais c'est toujours mentir.

Il y a eu et je l'ai dit assez souvent par suite de cette coalition de 1839 et de ses inspirations des chicanes essayées, deux procès que malgré les protecteurs et les faveurs, et tout ce que purent faire alors par eux mêmes et par les autres mes puissants ennemis pour ces instruments de leur vengeance vinrent se dénoncer à la honte et aux frais de ceux qui en avaient fait le dégoûtant essai (annales de 1840 Cour Royale, Tribunal de commerce.)

Mais dans cette supposition même de prétendus faits exprimés dans les lignes que j'ai citées, l'Ordonnance continuant ses déductions n'y voit rien qui constitue le délit et n'y reconnait qu'une action civile donnée aux

Tribunaux de cette compétence qui ont, ajoute-t-elle, le pouvoir de flétrir le fait en en constatant l'existence. Attendez donc, même dans les mensonges, les suppositions de votre système qu'il la constatent.

En dans les derniers paragraphes commençant par ces mots.

" Attendu que quelques immoraux &a

J'ai déjà analysé ce premier chef, je n'y reviendrai.

" En attendu dès lors &a

En insinuant comme elle l'insinue que les faits paraissent vraisemblables, l'Ordonnance ne commet-elle pas la plus grave faute, une criante injustice. N'est-ce pas là une véritable préexistence de la chose.

D'abord enje le répète, il n'y existait pas d'instance relatives à ce prétendu délit.

Les deux ignobles procès que des misérables pris dans les coalisés se créèrent en doute ou leur fin le piédestal, se terminèrent à leur honte par tout et à la honte des moyens qu'ils avaient employés, ils en subirent les conséquences. Et l'on vit que même dans cette allusion de l'Ordonnance l'évènement était loin de répondre à la préexistence.

Enfin l'Ordonnance passant de toutes ces pauvretés au reproche d'usure (objet, fait unique de la plainte de 1839 sous le nom de Bezombes dit:

" Que l'on ne pourrait pas non plus y trouver le délit d'usure, car
" eux seuls témoins déposeraient d'une perception d'intérêts de 12 p/o sans indiquer sur
" quelle somme en pendant quel temps ces intérêts auraient été perçus.
" Pour ces motifs la chambre du conseil déclare qu'il n'y a pas lieu de
" poursuivre ".

Je viens d'analyser cette ordonnance et il en ressort qu'elle ne peut pas être celle qui a été rendue, mais une substitution arrangée pour le besoin du moment.

Dans la véritable Ordonnance, s'occupant uniquement du fait de la plainte du reproche qui m'y était adressé.

L'Ordonnance dispose en dit:

" L'ombre de ce reproche d'usure n'existe pas.

Mais comme cette déclaration dans la position des parties, les calomnies en tout ce qui s'était fait d'ardent et d'arbitraire contre moi me laissait ouverte une voie trop large et trop complète dans mes représailles et mes récriminations pour les atténuer ou les étendre, et pour soustraire à mes actions ces gens dont on s'était si fatalement servi, dans la même ordonnance on lisait ces mots:

"Mais subsidiairement qu'il peut exister un vague soupçon d'emploi
"de doubles titres de la part de M.rs Vas, que des instances en ce moment introduites
"devant les Tribunaux compétents, serviront &a.

C'est cette Ordonnance, ses termes, cette étrange combinaison qui fut
l'objet de tant de décrets envoyés, de critiques, dont chacun déclina la responsabilité.
M.r Emerigon lui même, en qu'il baptisa du nom d'Ermaphrodite.

Que voit-on en 1846.
Les embarras du pouvoir oppresseur, sa position plus compromise
encore qu'en 1839.

Que fait-on en 1846?
Pour arriver à un nombre de témoins nécessaires on va puiser dans ces
sales archives de la première coalition, pour y reprendre qui? — Henry de Noires,
Gaussens, Dizault, Lacoste, Bezombes quatre des plus sales conjurés de
cette époque.

De nouveaux rapports ont-ils existés entr'eux en moi?
Aucun, en en 1839, en sans que je l'ai d'ailleurs faite valoir, la
prescription existait déjà pour ces quatre individus.

Ici, il faut à mes ennemis un autre résultat.
Dans les idéalités de 1839 ils étaient obligés, en les laissant tomber
de leur imagination, de n'y voir pas même des délits mais une action civile &a.

Ici en sans qu'il y ait autre chose, l'imagination, ou le sort, se
trouve courte en a donné son dernier jet, ce qui existait n'aurait été, tout
au plus dans l'esprit en la pensée de l'Ordonnance de 1839, qu'une action civile
devient crime en délit dans l'esprit en la pensée des mêmes hommes. C'est
ainsi qu'ils ne sont pas un pas malgré leur habileté et leur habitude sans
se contredire et se donner dementi à eux mêmes.

Que ces gens là, indépendamment de mon pourvoi en cassation
de cette voie légale en naturelle que ces gens tremblent que dans cette occasion
si exceptionnelle, une enquête soit ordonnée pour vérifier leur conduite, leurs
faits; comment ils les ont consommés, accompli, pour vérifier ces instructions
signalées entachées de si graves irrégularités, pour vérifier les positions per-
-sonnelles des plaignants, déposants &a, en refuser cette enquête au malheur opprimé
écouter pour motiver ce refus, céder à des considérations, à de hautes considérations
même, ne serait-ce pas dire à cette victime ainsi sacrifiée en qui aura vecu
dix ans dans cette tourmente, ne serait-ce pas lui dire

"Nous rayons, nous biffons toutes vos garanties, nous vous traitons
"en paria

M⁰ Dupac poursuivant avant mon départ l'obtention même par défaut, mon avoué M⁰ Nouailles en m'annonçant qu'il était disposé à protester, à conclure en dommages Intérêts contre l'inopportunité de cette assignation de cette demande en présence de mon acte du 20 Mars dernier de mes griefs et de mes répétitions me fit néanmoins appréhender que M⁰ Dupac fit saisie arrêt entre les mains de M⁰ de Fonteneillat receveur Général.

Pour ce cas échéant comme pour celui d'un jugement par défaut Je réitérai je que j'avais dit à mon avoué de protester, de former une demande en dommages Intérêts, ce que je lui écrivis même en termes très formels.

Ayant retardé mon voyage de quelques jours pour attendre l'arrêt de la Cour relatif au Domaine Labiche, arrêt. On ne l'a pas oublié peut être qui fut précédé le 8 Juin de la plaidoirie et des Conclusions si remarquables de M⁰ L'avocat Général; arrêt qui n'était pas encore rendu le 21 Juin. Je partis pour Paris.

Aux émotions de la terrible lutte qui se passait d'autres émotions pour moi devaient bientôt succéder avec rapidité.

J'appris successivement de Bordeaux à des dates différentes et qui se renferment dans la période du 5 au 8 Juillet au 21 du même mois. 1° Que Dupac avait obtenu de M⁰ le Président de former opposition à mon préjudice dans les mains de M⁰ de Fonteneillat. — 2° que la Cour d'appel Contrairement aux Conclusions du Ministère public avait le 29 Juin confirmé le Jugement en la vente du Domaine Labiche. — 3° Que M⁰ Duperier de Larsan, disait avec beaucoup de bruit † ne pas être parent allié de Blavignac ne pas même le connaître. — 4° Un mandat de comparution daté du 13 de Bordeaux m'était envoyé pour être de retour dans cette ville le 25 et me présenter dans le Cabinet de M⁰ le juge d'instruction, mandat qui bien que ne le disait pas était la suite d'une plainte de M⁰ Duperier de Larsan. 5° que Dupac avait obtenu un jugement par défaut. — Je pourrais remplir le chiffre 6 de suite. Je le réserve.

Le 3 J'écrivis à mon ami à Bordeaux, je ne donne de cette lettre que le fragment qui a trait aux malheureuses persécutions qui me poursuivent.
"Paris 3 Juillet 1848. — Fragment d'une lettre.
"Ce que vous m'annoncez de la saisie arrêt de M⁰ Dupac ne m'a

"pas surpris, ils m'ont blasé à force d'exiter, que n'ai-je pas à attendre de tous ces gens si
"compromis.
    "Veuillez demander à Mr. Noaille Copie de la dernière lettre que je
"lui ai laissée à l'occasion de la crainte, de la prévision qu'il avait, que Duyac fit une
"saisie arrêt. Cette lettre il le sait était mon **Ultima ratio**, s'y sera-t-il confor-
"-mé, Je le pense.
    "Je partage l'avis de Mr. de Chancel à l'égard du procès avec la caisse
"hypothécaire, ma cause étant la même que celle des Créanciers Inscrits.
    "Je trouve partout ici la trace des pas de Mr. Compar, de notre
"Procureur de la République près notre Tribunal de première Instance de Bordeaux.
            Adieu &a.

    Avant mon départ de Bordeaux en date le 10 Juin, j'avais remis
apporté moi même envoyé dans les cercles et les principaux Cafés à Mr. le
Procureur Général, à Mr. Miramont et à plusieurs autres membres de la
Magistrature et du Barreau mon Mémoire imprimé ayant pour titre à
l'Opinion publique.
    Arrivé à Paris je l'adressai au Président du Conseil chef du
Pouvoir éxécutif, à Mr. le premier Président de la Cour de cassation, à Mr. le Procureur
Général près la même Cour, à Mr. le Président, Mr. le Conseiller Rapporteur et
MM. Les Conseillers de la Cour de cassation Chambre Criminelle, Mr. L'avocat Gal
de Service, au Ministre de la Justice, à l'assemblée Nationale.
    Je donne ici les lettres qui accompagnèrent ces divers envois.
            Paris, 6 Juillet 1848.
Mr. Cavaignac, Président du Conseil chargé du Pouvoir
                                                éxécutif.
    Si je connaissais un homme chez qui l'honneur fut plus grand, à qui
l'honneur fut plus cher qu'à E. Cavaignac, ce nom est aujourd'hui une gloire qui
efface l'éclat que le plus haut pouvoir, le rang les dignités donnent, puisque les
perdant, ce nom seul resterait encore un des premiers et des plus beaux de tous
ceux qui honoreraient la France par lui Sauvée du péril le plus immense que jamais
nation ait couru ceci n'est pas seulement un grand fait, c'est une époque dans
notre histoire et devant les terribles évènements de Juin, Brumaire disparait
Si je connaissais dis-je quelqu'un qui représenta mieux ce noble Signe de l'honneur

qui vaut plus que la vie. C'est à lui que j'adresserai les Mémoires que je vous prie de recevoir et de lire. C'est une lutte aussi vive, longue, acharnée. — C'est une lutte qui n'est pas sans courage où depuis 10 ans un homme ruiné par de puissants ennemis, se débat et résiste seul contre l'arbitraire, les concours qui viennent toujours en aide à ceux qui étant dépositaires de l'autorité et des loix en abusent. — Et si cette lutte a toujours trouvé ce Citoyen inutilé sur la brèche c'est qu'il y avait son honneur à défendre, et qu'il ne peut qu'il ne doit qu'il n'y aura de terme à sa résistance qu'au tombeau.

Paris, 6 Juillet 1848.

A Monsieur le Ministre de la Justice.

Le 29 Février dernier, J'ai eu l'honneur d'écrire de Bordeaux à Monsieur le Ministre de la Justice pour lui faire l'envoi de deux Mémoires autographiés alors rendus publics.

Il y a peu de jours qu'arrivé à Paris je me suis présenté chez Mr. Crémieux.

Il m'a été dit que mes mémoires avaient été remis à la Chancelerie Cabinet de Mr. Daubenas.

Je prends la liberté, Monsieur le Ministre de mettre sous vos yeux un Troisième Mémoire imprimé, demandant grâce pour son étendue.

Ce qui s'est fait, ce qui se contient contre moi était un exemple encore à voir.

J'ai épuisé dix années de mon Existence, à résister, à combattre ces morgues excès, cet intolérable arbitraire d'une oppression qui revêt toutes les formes anti-humaines. Je lui résisterai jusqu'à mon dernier souffle.

Je ne demande qu'une chose. — qu'on lise — qu'on apprécie — J'ai en mes mains la preuve de tout.

--- dito. ---

a Monsieur le Président.
a MM. Les Membres de l'Assemblée Nationale.

L'assemblée Nationale est le Premier Tribunal de la France.

Dans les premiers jours de Février dernier j'ai adressé deux Mémoires autographiés à l'ancienne Chambre des Députés dans la personne de son Président.

cambistes de la ville et je pourrais dire du monde entier, je ne leur promets qu'un mot, je m'y engage, en ce mot seul le fait lui même; de Voiren n'a parlé de la créance dût en doit j'exerce les droits que devant la cour, il n'en a parlé qu'à la fin, après sa déposition répétée des deux premiers, de l'instruction et du Tribunal, et mis sur cette voie il en a parlé par réticence. Mais, mon Dieu! en-il fallu déclarer que ma taille était au-dessous d'un demi mètre, et que le front sur ma figure était à la place du menton ou l'eut fait, on voulait me condamner, c'était chose arrêtée, convenue, et j'ai été condamné comme usurier à 5,000 F.cs d'amende, parceque deux misérables sur 30,000 F.cs m'en devaient plus de 25. sans compter 10,000 F.cs de frais, honoraires, pertes de procès &c.a que ces seules choses m'ont coûté, qui ont été pour moi le résultat de ces honteuses et perfides machinations.

  Croyez-vous qu'un homme ainsi traité, depuis dix ans en proie à toutes ces infamies se succédant sans cesse dans une variété inouïe, ait le droit de publier des Mémoires, de mettre sous tous les regards les preuves irrécusables, multipliées de ces monstruosités? Il n'est pas la plus grande qu'après les avoir toutes si cruellement accomplies contre lui, ce ne pas vouloir que cette victime ait le droit de crier, de se plaindre de tant d'atrocités; de dire comment traité en paria on le sacrifie à de hautes conservations, à des intérêts puissants? qu'il eut été défendu comme il devait, il aurait dû l'être; tous les efforts tous les concours de cet ardent acharnement seraient venus se briser devant la force de son droit, l'équité de sa cause; mais trahi de toutes parts, il fallait bien qu'il succombe; que lui restait-il, que lui reste-t-il encore contre de si forts ennemis en tout ce qu'il peuvent par eux mêmes par les autres, que lui reste-t-il? Lui! & lui seul.....

          Bordeaux, le 11 Août 1848.

Lettre à M.r Fabre.

  Offrir la vue d'un homme abattu, malade, écrasé par la somme des injustices qu'on a fait depuis si longtemps peser sur lui, est un spectacle que j'ai dû vous épargner et je suis parti sans vous voir, mais non sans me rappeler que je n'ai pas complété votre demande.

La position où l'on m'a mis, les fonds qu'on me retient, les indignités dont on m'environne m'ont rendu et me rendent encore impossible de m'acquitter; je n'ai pas honte de le dire, je la laisse aux auteurs, à ceux qui pour se conserver m'ont placé dans cette position, la fatalité se lassera peut-être de me poursuivre, en attendant je suis avec un nouveau procès sur les bras, pour avoir dit, je me trompe, pour avoir répété depuis six mois chaque jour à tous les membres de la Magistrature, du barreau et du palais que M.r Dupérier était parent de Blavignac, fait sur lequel M.r de Chancel, l'un des premiers à qui je l'ai dit et écrit si souvent était en mesure de m'éclairer en qu'il a lui entendu sans le démentir, sans y jeter même un doute, qui eut suffi pour qu'il fut aussitôt accepté; rien n'était plus facile pour M.r de Chancel, et il ne l'a pas fait; il arrive et l'on apprend parfois des choses étranges; et certes je peux dire qu'il m'en arrive et que j'en vois de toutes les couleurs.

Vous vous rappelez peut-être, dans les écrits que je vous ai envoyés ce parère ou raisonnement sur le chiffre de l'amende, sa quotité et ce qui lui avait servi de mesure, c'était de l'arithmétique la plus élémentaire, cependant dans une remarque, un fait m'avait échappé et bien que tout soit aujourd'hui fini, et qu'il faille boire tout ce poison; permettez que je place ici ce fait, on ne saurait trop faire, malgré les injustices des hommes, quand ils ont surtout un intérêt à être injustes, pour mériter l'estime de M.r Fabre, et effacer jusqu'à la vélléité même d'une mauvaise impression dans son esprit.

Dans cette quotité du chiffre et la mesure du tems qui ont servi à fixer l'amende et à l'appréciation du délit d'habitude d'usure, vous avez pu voir cette somme totale de 8000 F.cs (non), ne vous y trompez pas &.a

. . . .

. . . .

Ah! des véritables usuriers qui ont des fortunes, de ces usuriers qu'ils connaissent ils ne disent rien; en ayant recours à leur bourse, aux emprunts, ils les protégeraient plutôt que leur nuire, et ils ne dédaignent pas de leur ôter un coup de chapeau d'aussi loin qu'ils les rencontrent; ainsi va le monde, mais le malheureux qu'ils ont fait miser par ce qu'il n'a pas voulu s'humilier devant eux, ils le traiteront d'usurier, le feront condamner comme tel et sous ce nom, parceque ne le faisant pas il faudrait qu'ils prennent eux celui d'infâmer. Dupac, lui avec sa conduite, ses 3400 francs n'est point un usurier. C'est un honnête homme ; la Société est à refaire ; en ce moment j'ai en mes mains un Mémoire publié par M. D.r Constant dont vous avez défendu le pourvoi devant la Cour. Que d'horreurs encore on à fait éprouver à cet homme, où en allons nous, grand Dieu ! J'ai fait connaître au Ministre de la Justice que je refusais l'impôt, que je renonçais au titre de citoyen Français, mais tout cela peut se trouver noyé dans mes écrits ; d'un autre côté j'ai la presque certitude qu'il y a une marche officielle à suivre, éclairez-moi à ce sujet, je vous en conjure, et ne m'obligez pas à réclamer à d'autres à ton office que j'aime mieux tenir de vous.

Avant mon départ en la veille (1.er Août) j'ai eu une entrevue avec MM. Pereire (Emile et Isaac) au chemin du nord, et dans la conversation dont mes tristes affaires ont été le sujet, j'ai appris que vous étiez l'avocat le conseil de l'administration du chemin de fer.

Je suis donc à Bordeaux ! mon plus cuisant tourment, dans la nouvelle persécution qu'on exécute, a été de revoir, de rentrer dans cette ville que j'abhorre, son soleil et jusqu'à l'air tout m'y est lourd.

agréez &c.

Incident de la demande de renvoi.

Le 5 Août, je suis sommé à l'audition, au parquet.
Le 7 id. l'Étrange nouvelle de l'incident de Chancel.
Le 8 id. Transport chez moi de M.r le Commissaire de Police M.r Chauvin pour saisir ma brochure.

Puis, chaque jour des déceptions, des douleurs !
Je n'ai pas la plainte, je n'ai pas les griefs.
Mon affaire avec M.r de Fontemilla, cette affaire par laquelle j'ai éprouvé de toutes les manières de si réels préjudices, de si grandes pertes, cette affaire qui me prive de mes fonds,

de mon rentré, en donc chaque jour de retard un préjudice de plus, cette affaire au rôle depuis plus de trois mois; couchée, depuis Juillet; cette affaire fixée au mardi, a pu me faire craindre qu'à ses retards déjà si pénibles d'autres puissent se joindre, il n'en était pas ainsi lorsqu'il fallait permettre à M⁰ Dupac, sans jugement, sans titre et en présence d'une attaque reconventionnelle principale, celle de mon acte du 20 Mars, suivi de ce mutisme par tous; mutisme au parquet du Tribunal, mutisme au parquet de la Cour; mais mutisme surtout à la Chambre des avoués, a qui cet acte du 20 Mars a été officiellement dénoncé, ce n'est plus aujourd'hui une crainte, les vacances m'ont débordé: plaider, visiter, rien n'y à faire, j'avais écrit à M⁰ le Président (cette lettre je la mets en tête de l'incident) rien n'y à faire.

Le 21 explication de M⁰ de Chancel.

Le 22 Cas fortuit qui a empêché l'autographie du présent Mémoire et celle de ma défense, dont je me propose de le faire suivre.

Le 23. Citation du parquet, renvoi de la chambre des mises en accusations, assignation pour le 4 7ᵇʳᵉ.

On va en poste d'un côté en doublant les relais;

On va à reculons de l'autre.

Ce renvoi me fait connaître que la chambre du conseil, elle, avait mis la plainte au néant, ce rapport, ce réquisitoire, j'aurais intérêt à les connaître, je ne les connais pas.

Le 24 avril j'écris à M⁰ le Président des assises pour demander que ma Cause soit la dernière de la Session, disposé pour lui même à l'accorder, M⁰ le Président se réserve d'en référer avec M⁰ le Procureur Général.

Je continue à classer mes déceptions, je continue à montrer cette résistance, ce moyen sans cesse renaissant, de ne pas dénoncer, de ne pas remettre les dossiers, ce titre en Pièces Brothier.

Depuis mon retour, on me dit chaque jour qu'on va me satisfaire, le Dix août, M⁰ Noailles m'annonce que le Sⁱ Dupac se dispose à s'exécuter.

J'écris le onze à la personne qui me supplée dans mes courses, mes démarches; le 25 août arrive et Dupac n'a rien donné, rien remis, le même jour j'écris à M⁰ Noailles.

Le 28 J'adresse une lettre à M⁰ le Procureur Général, renfermant celles que je viens de rappeler en dehors un extrait sur l'*Egalité* ou plutôt quelques exemplaires échantillons détachés.

Ce le 29 J'adresse le tout à Mr. le Ministre de la Justice, à qui le lendemain ou le surlendemain de mon audition au parquet, j'ai fait remettre par un ami qui habite à Paris, la copie de ma protestation.

Le 30 j'apprends qu'un de Messrs. les conseillers qui assistent Mr. le Président des assises est Mr. Filhol, je l'avais deviné !

Mr. Filhol ancien Magistrat à Angoulême, juge à Bordeaux au Tribunal civil, vice Président au même Tribunal, conseiller à la cour.

Mr. Filhol, s'opposa un en 1839 à ce que je me porte partie civile contre Mr. Brezets, auteur de l'enlèvement de 24 000 f. de vins saisis ; auteur de l'enlèvement de mon gage ; Mr. Filhol, devant qui s'est déroulée l'expropriation Bilard cadet en Caubernou ; Mr. Filhol qui, dans une de ces nombreuses péripéties de 1845, qui étaient autant de Bornes de cette expropriation, voulait si bien me toiser dans ce procès avec la Delle Perny, et le voulait même sans connaître ce procès, qui fut si bien et si visiblement le signe qu'il allait me toiser ; Mr. Filhol, qui a si bien accueilli l'assignation la demande de Mr. Dupac, en si bien fermé les yeux sur ce qui devait y être un obstacle, mon acte du 20 Mars ; Mr. Filhol, qui rendit ce jugement du onze 7bre dans la vente du Domaine Labiche, et que l'arrêt de la Cour ne rend encore ni plus mauvais, ni meilleur ; Mr. Filhol, que j'avais récusé en tous biens tous honneur dans le procès Dupac, qui aurais peut-être dû se récuser lui même ; Mr. Filhol, qui s'est néanmoins arrêté devant l'Instance de Vignal, mon appel d'une incompétence qu'il a fallu regretter deporter à un Tribunal ; Mr. Filhol pouvait il ne pas être là où se trouve le signe d'une nouvelle persécution pour moi ? cela n'a pas manqué.

Le renvoi sera-t-il accordé ? en jamais cela ne fait une difficulté. Voici ce que mon Mandataire m'écrit :

―――――

« Lors de ma seconde entrevue avec Mr. Vignal, ce Magistrat me dit
« que, par préoccupation, il n'avait pas pensé à me dire la veille, que les assignations
« étant données, la cour se trouvait saisie, et qu'elle seule, le Ministère public entendu,
« pouvait statuer sur votre demande en remise de l'affaire à la fin des assises ; que,
« personnellement il aurait désiré pouvoir vous accorder votre demande, mais
« qu'en l'État il ne le pouvait, parceque ce serait de sa part un excès de pouvoir
« (pourquoi tout le monde n'a-t-il pas ce scrupule cette délicatesse !) ; qu'il fallait
« donc que vous vous présentassiez le quatre septembre pour soumettre cette demande

de remise à la cour."

Prendre les assignations pour l'obstacle, ou la date, me paraît un moyen faible. Je n'ai connu, je le répète, le renvoi que par l'assignation, je n'ai connu la décision de non lieu de la Chambre du Conseil, que par la notification du renvoi prononcé sur la décision de la chambre des mises en accusation, enfin je n'ai connu mon assignation aux quatre que par la notification de ce renvoi, que cette assignation seule m'importe, en dès le lendemain, j'ai eu l'honneur d'écrire à M. le Président des assises. Il était difficile d'être plus prompt.

Maintenant en après ces lignes qui étaient indispensables pour la liaison des faits, je place ici, en suivant leur ordre les copies de ces différentes lettres, à la suite de celle à M. le Ministre de la Justice, et d'abord la première celle à M. le Président du Tribunal Civil.

———————————

Bordeaux 10 Août 1848.

À M. C........ à Bordeaux,

Monsieur,

Je l'avais oublié; hier Noailler m'a dit que Dupac était disposé à remettre les titres demandés.

J'ai soif de vengeance, en fut-il jamais de plus motivée, de plus légitime lorsque depuis trois ans j'ai si souvent demandé l'appui des titres Brothier, le ciel m'est témoin que je ne les aurais employés qu'à relever mon honneur, que comme preuves surabondantes, qu'en cela comme pour le reste ma parole n'a jamais trompé; en méprisant Blavignac en sa Cohorte, j'aurais borné là ma vengeance; toute mon existence en était d'ailleurs la garantie, en malgré cette somme d'horreurs accumulées sur ma tête, ce sentiment restait encore assez fort pour être maître des autres.

Aujourd'hui, si complètement en dehors de tout ménagement en générosité, j'ai, je le répète, soif de vengeance.

L'incident Lameyra de 1844, objecterait-on peut-être, n'était pas une garantie de pardon en d'oubli, et pouvait de ma part faire craindre le contraire. Non cela n'est pas; je sais bien qu'on en montre que le mauvais côté, mais qu'importe!

Si perfidement trompé par cet homme, j'attendis encore près d'un an (les dates sont là) après le faux après reconnu, ce billet d'outre tombe qu'il m'avait négocié, néanmoins je consentir à lui accorder tous les modes de remboursem.t qu'il me fut offrir, les facilités qu'il me demandait pour l'accomplissement, en pendant 3 fois, à des époques éloignées l'une de l'autre, il ne réalisa rien, et si l'huissier déposa une plainte, s'il me la fit signer, cette plainte était une superfluité, puisque cette dénonciation, aux termes de l'art. 29 du code d'instruction criminelle, était une obligation de cet officier ministériel, indépendamment de toute volonté contraire du client.

Après cette plainte, cette audition de Lameyra me vit-on aggraver sa position, me vit-on me porter partie civile ? loin de là ; qu'on montre mes lettres au parquet des 6, 21 août et 6 7bre 1844.

Cet épisode de Lameyra ne prouve qu'une chose, et elle la prouve sans réplique ; c'est que je reste encore bon avec les méchants, ceux qui méritent le moins qu'on soit bon pour eux.

Depuis bientôt trois ans qu'on refuse de me donner les simples énoncés de mes titres, de mon dossier (Dupac), de les produire, alors que cette production, on le savait bien, eut inévitablement empêché ce qui se tramait et s'est exécuté contre moi, précisément pour que ces titres ne soient pas produits, dénoncés au parquet, et qu'après m'avoir sacrifié ou n'a pas même pu vaincre la persistance de la victime, à vouloir ce qui avait décidé, forcé peut-être à ce complément d'horreur, d'une si longue oppression, ce sacrifice abominable de ma condamnation, qu'on me condamnerait cent fois encore avant que je puisse user de l'exercice d'un droit qu'on paralyse par l'abus et les moyens les plus criants, les plus indignes pour éviter ce dépôt ; car tout annonce, fait pressentir que ces titres que je n'ai pas vus depuis Mai 1844, ont été soustraits, peut-être incomplétés, que sais-je ? depuis 3 ans en ce moment encore je suis à les voir, ou est-à exécuter ce que je demande à haute cris, quoi de plus significatif !

Il serait bien, communiquant de suite cette lettre à Mtre Noailles, à Mtre Morange, mes avoués, que ces Messieurs obtinssent en obligeassent au besoin Mtre Dupac à joindre aux dossiers qu'il a annoncé être prêt à remettre, un détail, un inventaire des pièces qui faciliterait de les collationner et de s'assurer si rien n'y manque ; et comme pour la généralité ce travail pourrait entraîner du temps, que je n'en ai pas à perdre, qu'il fasse devant moi, pour ne me laisser que des nouvelles douleurs, qu'essentiellement la première chose soit :

Le billet Brothier, dossier, condamnation et les annexes, sans en rien omettre.

Les actes des vos saisies, de ces saisies ou récolement faits en mon

nom au préjudice de Blavignac, vins qu'il a partout enlevés.
Par Bollé, huissier (Janvier 1848)
Deloubin id   Février   d°
Robert   id   8bre   d°
en Vignal id   9bre   d°
cette dernière saisie exercée sous la direction et les ordres de Dupac.

En somme tout de la part de cet homme et même dans ses plus solennelles promesses n'a été que manège et jeu, si cela continuait et que le plus léger retard, après sa dernière et récente promesse faite à Mr. Noailles, de remettre le dossier existant, veuillez vous même apporter la présente à Mr. le Procureur général, à Mr. le Procureur de la République, en cas leur refus d'agir, d'obliger au dépôt de ces titres si légitimement incriminés, prendre les moyens d'établir officiellement ce refus afin que je transmette le tout à Mr. le Ministre de la Justice.
Recevez &c.

N.B.N. Non seulement cette lettre a été communiquée, mais le même jour ou le lendemain copie en a été laissée à mon avoué.

Jeudi 25 août 1848.
Mon cher Monsieur Noailles.
Mon affaire Fontenillan a-t-elle été appelée hier et fixée ? ne vous dérangez pas, transmettez moi par la bonne le Oui ou le Non.

Je vous en conjure, pressez la remise du Billet Brothier, des actes des vins saisis, en joignant y la demande de la procédure (Dumons de la Gironde) Plusieurs jours ce sont encore écoulés et perdus comme tous ceux que le temps emporte. Tandis que dans les persécutions dont on m'inonde on va au galop, on ne me laisse pas le temps de respirer. Ce billet Brothier est matériellement faux, il n'y a aucun doute à avoir, et là se trouvent compromises trois familles; celles Brothier, Lameyre, et Blavignac.

Et dans tous ces vins saisis enlevés, se trouvent compromis et un huissier, ce n'est pas moi peut être qui ai écrit dans le code criminel l'art. 29 et ses prescriptions — Entendez vous je vous en conjure avec Mr. Moranges, en conservez moi cette note que je trace à la hâte dans votre étude, sans prendre le temps de la recopier.

N.B.N. M. Dupac a été beaucoup plus prompt à faire la saisie anéantissable de dossiers, ce billet Brothier lui chatouillant l'oreille et il avisera bien encore à quelque nouveau coup de Jarnac, à quelque nouveau plan de son métier.

« De toutes les choses extraordinaires, de toutes les trahisons que
vous avez éprouvées, une à laquelle vous ne vous attendez pas, dont
« je suis à revenir moi-même, vient de se passer il y a une demi-heure
« Mr de Chancel est parent de Blavignac, et c'est lui, lui-même qui me l'a
« dit ! »

Au milieu des coups qui m'ont frappés, celui-là était si fort — qu'en-
-tendant la chose autour de moi, apprenant qu'elle se propageait, qu'il en était
bruit partout, au parquet, seul, je n'en parlais pas ; — je renfermais en moi-même
tout le silence et toute l'horreur de ce procédé — Et ce silence, je ne l'ai rompu,
même chez moi, que du 15 au 18.

N'y tenant plus — le 20 j'écrivais à Mr de Chancel, et envoyai
copie de ma lettre au bâtonnier de l'ordre.

Le lendemain, Mr de Chancel arrive chez moi, ma lettre à la main
= on vous a trompé, me dit-il je ne suis point, ni ma femme dans sa famille,
parent de Blavignac !

Arrivé en ce moment chez moi, la personne elle-même, avec qui
la conversation du 7, cette extraordinaire déclaration, qui avait eu lieu
dans une circonstance où ce mandataire allait pour la seconde fois réclamer
le texte de l'arrêt rendu dans l'affaire Labiche.

De cette explication, il résulte que tout ce qu'a dit mon mandataire,
ce qui s'est passé est exact — qu'un nom seul mal entendu et pris l'un
pour l'autre à causé l'erreur :

Je ne vous ai pas dit, explique Mr de Chancel, que j'étais parent
de Blavignac ; je vous ai dit que ma femme était parente de Mr Dupérier
de Larsan ; et, comme nous avons à la fois parlé de Mr Dupérier, de
Mr Blavignac, dans le roulement de ces deux noms, votre idée s'est arrêtée
reposée ; ayant mal entendu, sur celui de Blavignac au lieu de Dupérier.

Tout cela est bien louche, bien étrange ! Et ce qui l'est tout
autant dans cette explication forcée, — c'est que depuis mars 1845 que Mr
de Chancel est mon avocat, et après toutes les péripéties, ce nom de Dupérier
mis si souvent en jeu dans toutes, ce ne soit que le 21 août, que Mr de Chancel
apprend ici qu'il est parent de Mr Dupérier, pour ne pas rester ou supposé être
parent de Blavignac ; en cartes, il est remarquable que cela arrive lorsque Mr

66.

Dupérier, me fair me plaindre à moi, d'avoir dit et écrit qu'il était parent de Blavignac.

N'est-ce pas à la fois piège, trahison, calcul ? — non seulement Mr. de Chancel ne m'aura jamais dit qu'il était parent de Dupérier mais il ne m'aura pas dit que Mr. Dupérier n'était point parent de Blavignac — recevant mes lettres — entendant mes conversations, et entre Mr. Dupérier et Mr. de Chancel il y a intimité, ils se voyaient tous les jours.

Mais laissons des réflexions qui me conduiraient trop loin, et qu'on trouvera ailleurs —

Après cette tardive démarche de Mr. de Chancel et cette singulière explication, il voudra bien me permettre de la trouver telle, j'ai dû, en homme d'honneur et quelque chose que je puisse écrire ma seconde lettre à Mr. le bâtonnier —

Et je place ici dans leur ordre :
1°. Ma lettre du 20 à Mr. de Chancel
2°. celle au bâtonnier en lui envoyant copie.
3°. autre lettre à Mr. le bâtonnier après l'explication.

Avant l'explication, le 21, j'avais écrit à Mr. Dupuy huissier, la lettre qui porte le N°. 4, bien que la date soit du 18 ou du 19.

    À Monsieur le Bâtonnier de l'ordre
     des avocats
      à Bordeaux.

Monsieur !

Qui ignore à Bordeaux les horreurs commises par ma sœur Blavignac ?

Qui ignore la longue oppression exercée sur moi, — les infamies qui sont déroulées dans ces persécutions si affreusement accrues, depuis bientôt 10 ans sous le nom de ce Blavignac, et les moyens indignes dont on s'est servi contre un citoyen pour accomplir ces horreurs ?

Personne n'ignore cette triste histoire !

Je croyais avoir épuisé la coupe des amertumes !

· 67 ·

Le lundi 7 du courant, un ami vient chez moi ; il sort de chez Mr. de Chancel, il était allé lui demander à connaître le texte de l'arrêt dans l'affaire du domaine Labiche ; et à sa grande surprise, sans que rien ait motivé, préparé à ce terrible aveu, Mr. Emile de Chancel, mon avocat depuis le mois de Mars 1845, pâle, interdit, défait, laisse échapper de ses lèvres collées, ces mots, ces mots accentués, Mr. Blavignac est mon parent le parent de ma femme.

Que de mystères recélés dans cet aveu ! et que de profonds mystères y sont encore cachés ! la voix de Dieu a parlé — elle a mis dans la bouche de celui que je ne peux plus appeler un avocat, cette déclaration abominable qu'après plus de 3 années, la nécessité de la position de Mr. de Chancel à avoir un aveu forcé, puisque tout le palais a ce qu'on m'a appris encore était et est plein de ce fait et que Mr. de Chancel ne pouvait plus le cacher — Quelle trahison.

Je vous envoie copie de ma lettre du 20 courant à Mr. de Chancel.

Dépositaire de l'honneur du corps le plus haut placé dans l'opinion par les talents et les considérations, cette courte lettre ne pouvait pas, ne devait pas être ignorée de vous et de votre honorable Compagnie.

Agréez pour vous et pour elle, l'hommage de mon profond respect.

Età etc etc

21 Août 1848.

Bordeaux le 20 août 1848.

à Mr. Emile de Chancel, avocat et parent de Mme Blavignac.

Monsieur.

Ai-je quelque chose à ajouter aux 750 francs que vous m'avez pris pour ce que vous avez appelé ma défense dans cet inique procès où trônait, comme plastron, votre parent Blavignac ?

Mais peut-être cette somme, ou partie de cette somme a-t-elle servie à réparer le blason endommagé de noble dame Solignac de Laforest votre parente, épouse de très gros et très puissant messire Blavignac — ce cher parent vous devait bien quelques bouteilles et même quelques pièces des vuis saisis qu'il a entendus.

Je ne peux pas vous saluer avec des sentiments distingués.

signé : Vay J^r

A Monsieur le bâtonnier de l'ordre des avocats.
à Bordeaux.

Monsieur,

Dès la réception de la lettre que je lui ai adressée avant hier soir, Mr Emile de Chancel est venu chez moi ; il est résulté des explications qui ont eu lieu, que ce qui faisait le sujet de la dite lettre, n'était autre chose qu'un regrettable malentendu.

Mr de Chancel m'a remis la lettre en question qui est la même dont j'ai eu l'honneur de vous transmettre copie à la suite de celle que je vous ai adressée le même jour et que par suite je viens vous prier de considérer comme non avenue.

Avant d'écrire cette lettre à Mr de Chancel et depuis le 7 que cette étrange communication m'avait été faite — j'attendais — et ce ne fut qu'instruit, car je sortis à peine, qu'on parlait beaucoup au dehors de ce fait, et j'ai pu m'en convaincre, que le 20 courant j'ai envoyé cette lettre. — De l'explication donnée, Mr de Chancel m'aurait pas dit comme la personne l'a entendu que sa femme était parente de Blavignac, mais quelle était parente de Dupérier et un pronom aurait continué à faire l'équivoque. — Toutefois, la surprise m'est restée et me reste, que ce soit au bout de 15 jours, et d'une chose déjà si répandue que Mr de Chancel soit venu éclaircir ce fait auprès de moi, et qu'il n'y soit venu qu'après avoir reçu ma lettre.

Au surplus, il faut accepter l'explication.

Veuillez accueillir, monsieur, l'assurance de mes sentiments les plus distingués.

23 Août 1848.

. 69 .

Bordeaux le 9 7bre 1848

à Mr Roustaing, bâtonnier de l'ordre des
avocats à
Bordeaux.

Monsieur le Bâtonnier,

Le 19 dernier, j'ai eu l'honneur de vous écrire, et de vous transmettre les courtes lignes que j'avais adressées à Mr Ele de Chancel le même jour.

Et par une autre lettre, je vous fis part en très peu de mots de l'explication, de la singulière explication qui avait eu lieu chez moi, entre Mr de Chancel qui était venu tenant ma petite lettre à la main, et mon mandataire, qui se rencontra avec lui.

Les détails de cette explication, qu'il a fallu qu'il faut accepter, toute bizarre qu'elle paraisse, doivent vous être connus, histoire en dessous entièrement de ce qui s'est passé entre les 2 personnes, j'en ai écrit la fidèle narration puisque Mr de Chancel a prétendu qu'il avait été mal compris, que ce n'était point d'une parenté avec Blavignac dont il avait fait l'aveu le 7 août mais bien avec Mr Duperier de Larsan lui même (sic) et c'une j'en conviens pour encore mieux que l'autre.

Reste donc la parenté de Mr de Chancel avec son ami Mr Duperier si tardivement connue, (comme in extremis), j'ai retenu quelques mots de latin. — La conduite si inexplicable, plus inexplicable et plus grave aujourd'hui de Mr de Chancel, pendant ces années où il a été mon avocat, pendant cette longue période des infamies de Blavignac, ses consorts & autres il reste aussi les 750 francs que Mr de Chancel m'a pris pour cette défense qu'il a présentée devant la cour et qui a été suivie de l'arrêt du 10 mars, jolie chose ma foi, pour la considération de M.M. tels & tels : Vous verrez que ce sera moi qui serai coupable d'avoir rendu cet arrêt !..

Mr de Chancel m'a remis, en revenant sur ses pas, sur mon bureau, la petite lettre en question, mais toujours les 750 francs qu'il m'a pris, et certes c'est ici bien le mot.

Cependant, comme je n'aime à accuser personne de mauvaise intention, je suppose qu'il a trouvé les 750 francs trop lourds à porter —

Voyez comme le temps modifie les choses, avant il les trouvait trop légers ! J'impute donc à l'embarras de ce poids, que la restitution n'avait pas accompagné la petite lettre ; moins embarrassante il est vrai à mettre dans la poche sans que la symétrie du vêtement en souffre.

Mais si je m'étais trompé, que cette cause que je suppose, que j'invoque ne soit pas la cause, voulant pour mes 750 francs recevoir mes lecteurs de tout de choses que je mets sous leurs yeux, je leur raconterai l'histoire désintéressée de ce noble désintéressement.

(Sic) Un mémoire dès le 10 mars, m'était promis pour la cour de Cassation, pour mon avocat Mr. Fabre ; Mr. de Chancel devait y dépasser démosthènes, Cliton — il devait sabler ces nombreuses violations, dans cette procédure, dans ces dégoutantes intrigues, c'est encore son expression — ce fameux mémoire, Mr. de Chancel n'en a pas écrit une ligne — La république lui a fait perdre la tête — Ce que c'est pourtant que l'amour de la patrie !

La Compagnie des avocats, son honorable chef seront dûment instruits je leur souhaite à tous une longue et heureuse vie.
B. S.

Monsieur le bâtonnier, je vous serais obligé de demander à Mr. de Chancel combien je lui dois pour m'avoir laissé ignorer, pendant ces derniers 6 mois surtout, que Mr. Dupérier de Larsan n'était pas parent de Blavignac, mais qu'il était son parent, de lui, de de Chancel ; noble comme lui, prodigue comme lui, et de vouloir bien ajouter aussi le supplément qu'il lui faut, que je lui dois donner pour le procès qu'il me cause avec son très cher parent et très cher ami Mr. Dupérier au moyen de ces machinations, de cette entente visible entr'eux.

Notes.

Sans avoir étudié le droit, j'en ai l'instinct et c'est cet instinct qui dans le temps, me faisait faire cette remarque à l'occasion de la vente effectuée le 11 7bre 1847. Du domaine de Labiche dela conduite de l'avoué

Dupac.

Dans mes petites idées, je disais : si cette vente du 11 frant existér, il doit nécessairement y avoir un moyen dans les formes de procédures qui eut pu la prévenir.

Eh bien, je lis dans le recueil et les détails de cet arrêt, de ce procès que le paragraphe 2 de l'art. 882 du code civil donne aux créanciers d'un co-partageant, le moyen de s'assurer que le partage n'aura pas lieu hors de leur présence. Or, si continue le défendeur, le Sieur Vaz avait usé de cette faculté, il est certain que les S.rs Mengozen et Fauché, n'auraient pas opéré un partage valable sans son concours —

Quoi de plus clair ? ce n'est pas moi qui est fait le code et l'art. 882 ! — Sacré client. J'avais un avoué, et un avoué fort habile, ma foi, le sieur Dupac, licencié en droit !

Les avoués sont les tuteurs de leurs clients, ils sont responsables envers eux de leurs actes, de leur procédure, des fautes qu'ils peuvent y commettre et M.e Dupac savait bien qu'il existait un art. 882 du code civil (il se trouve entre l'art. 881 et 883) — En attendant que j'ajoute contre lui cette responsabilité, il s'est fait allouer par son ami Filsol et comme étrennes anticipées, 3500 francs ! …

Le pauvre homme !!!

Lecteur tu aurais cru que le licencié tiendrait cette dernière promesse faite à M.e Mocilles, son confrère, dans le courant du mois d'août et les premiers jours de septembre, de remettre le billet Brattier, les titres, les actes incriminés.

Lecteur, tu aurais été trop crédule, songes donc que toutes ces saletés qui s'accomplissent et s'agglomèrent, n'ont, je le répète, pour objet, que d'empêcher que cette dénonciation soit faite, de retenir, n'importe les moyens, ces titres et dossiers.

Vois plutôt le jugement, l'arrêt, ce privilège des frais, par conséquent leur payement avant tout, leur défalcations du prix de la vente — Dupac les a là, c'est son affaire — le gouvernau les demande en avedans ce compte qu'il a si bien su s'arranger — et son ami Filsol qui connaît le tempérament de l'estomac digestif du licencié, lui accorde cette double ration

Et ce dossier de Dumoris, quelle l'envie retient aussi, — C'est bien autre chose; il est vrai que ce grand inventeur des affiches a imprimé Journal destiné à répandre ses grandes découvertes sous forme d'annonces, et quelles annonces! que Diable, il y aura bien un petit coin pour que le communiste enterbes, qui ne m'aura pas payé, que j'aurai fait saisir, condamner, qui ne m'aura pas payé d'avantage, — cela n'entre pas dans son système d'éducation des peuples. Qui aura fait une vente frauduleuse, qui aura enlevé, dévoré, fricassé les objets saisis sans que le petit Beauvais, cet huissier musqué et à l'eau de rose ait dénoncé cette vente frauduleuse dans son procès-verbal. — Il faudra, ci-je un petit coin de ce Journal, pour que ce polisson cherche à y salir mon nom — que fait Dupuc, il retient ces titres et dossiers.

Qui croira à l'ensemble de toutes ces horreurs?

Dumoris s'est associé, dit-on, avec Hirigoyen — à la bonne heure! — même taille, mêmes principes — mêmes allures — même fausseté. — allons vite, le titre : <u>aux deux fripons en miniature</u>.

Avis.

Vente publique, aux enchères, qui aura lieu au premier jour, au plus offrant et dernier enchérisseur, de divers titres de créances —
de Messieurs: M.F de Moiras, Polavignac.
des plébéiens, manants et bourgeois suivants:
Dumoris (de la Gironde),
Hirigoyen,
Pastoureau,
Bahogne,
Ortos fils gaga.

On clora la vente par la créance de très-haut et très puissant Chevalier d'arbec. fistra! celle-là n'est pas piqué des vers!

Les acquéreurs paieront comptant entre les mains d'un commissaire priseur qui ne se mouche pas à la manche. Et, comme on veut que les acquéreurs soient certains qu'ils n'achètent dque l'on veut leur vend rien de <u>faux</u>, le billet Brothier ne sera pas mis dans la vente.

Notes.

Au milieu de cette fièvre d'ambition qui émousse tant de variétés, l'observateur peut distinguer deux choses autrement dit 2 camps – dans l'un ce sont les ambitieux qui se mettent pour avoir des places, des emplois des honneurs même sous la République, à les entendre et à les voir, ils sont la quintessence de la pâte dont le bon Dieu a formé l'espèce humaine – Dans l'autre camp, il est bien autrement compacte et étendu, sont les incrédules, ceux qui n'admettent pas cette perfectibilité, et qui de l'habit dont se couvrent tous ces candidats, veulent s'assurer si le drap est de bonne qualité, parcequ'ils savent que la mine trompe parfois, et qu'il ne faut pas se fier aux apparences – que de Draps Grand Dieu, au simple toucher sont tombés en pourriture ! Dans ce dernier camp, nous seulement on adresse des questions, on soumet à des interpellations le prétendant, mais on remuit, on rappelle à leur souvenir par la voie de la presse, cette incommode bavarde, des petites peccadilles très peu édifiantes, l'on sème la route de cailloux pointus, et comme en général les candidats sont bien chaussés, et qu'ils ont tous un aperçu des souliers de danseurs les pointes de ces cailloux les blessent.

Un de ces écrits publiés ou qu'on suppose devoir l'être, m'a été communiqué par un homme que j'aime – Je n'avais pas besoin de le lire pour juger de l'esprit de son auteur – C'est un homme qui comme beaucoup d'autres, n'est pas à sa place ; qu'il eût été nul, soit d'audacieux, il aurait réussi comme tous d'autres qui doivent leur avancement à ces qualités = Dans cet écrit que j'ai lu, il s'agit d'une violation de domicile avec des circonstances tellement graves qu'il me paraît impossible que Mr Compans puisse se soustraire au besoin d'expliquer mais surtout de justifier la brutale mesure qu'on lui reproche d'avoir fait exercer contre les droits d'un citoyen. En lisant ce fait, il m'a rappelé une chose à peu près identique, bien que beaucoup moins grave qui est arrivée dans le même temps à ma domestique ..... précisément parcequ'elle était ma domestique.

Le vent de l'année 1846, soufflait il faut bien le croire à ces violations de domicile et la girouette tournait du côté de Mr. Heymery.

Je raconte : l'étais en août sur la plinthe ou la déclaration des époux Lapperie, et dans des circonstances qui auraient du le retenir Mr Heymery se se transporta le lendemain chez ces mêmes époux Lapierre c'était un lundi entre trois & 4 heures du la relevée, il envoya quérir par son agent la fille Justas, désignée & soupçonnée par les époux Lapierre comme ayant pu voler ou soustraire l'objet que ces logeurs prétendaient avoir perdu, déposé qu'il était dans une armoire laissée ouverte, la clé en ayant été perdue, et ces logeurs ayant eu l'inexplicable négligence dans une maison banale de n'en avoir pas fait faire une autre — cette fille Justas était en service en ville, l'agent déposé à lui intime l'ordre de le suivre arrivée dans son logement, elle se trouve en présence de Mr Heymery, sa chambre sa malle furent ouvertes, on examina un à un tous ses effets. après cette longue opération on reconnut que les doutes étaient mal fondés, cette fille raconta ce qui s'était passé; on y vit un acte arbitraire il lui fut conseillé de se rendre chez Mr Heymery, de lui demander le procès-verbal de la plainte et de la visite; elle fit cette démarche, le magistrat par l'accueil le plus bienveillant chercha à effacer la faute, la légèreté de la veille, et lorsqu'il lui fut demandé la note de son procès verbal, il répondit les avoir remis dans la même journée et pour mettre sa responsabilité à couvert au parquet. qu'arriva-t-il en effet qu'une information pour la forme et pour rire eut lieu la fille Justas y fut renvoyée de toute prévention. qu'arriva-t-il encore que pour chercher à justifier une violation et un arbitraire qui étaient reprochés, on voulut faire voir & l'on montra que la visite du commissaire de police avait été autorisée par un mandat de Mr le procureur du roi; eh bien le prétendu vol ou la prétendue soustraction dont les époux Lapierre se plaignaient, n'aurait pas eu lieu selon eux qu'ils ne s'en seraient aperçus qu'au commencement de la soirée du dimanche, ce serait le lundi que les époux Lapierre auraient été déposer leur plainte ou leur déclaration chez le commissaire de police, qui par un excès de zèle avait commis un acte un peu trop prompt, et dont il cherche tout aussitôt à réparer la légèreté — Dans l'autre version, faites la part de la possibilité. le parquet n'est ouvert qu'entre onze heures & midi; et les premières heures sont employées aux affaires courantes et déjà classées, en faisant la part la meilleure aux époux Lapierre, celle où recevoir leur plainte, on y aura eu égard aussitôt: examen du fait, ordonnance qui nomme un commissaire d'une commission, expédition de cette ordonnance, le commissaire qui se trouve là tout à propos chez lui pour la recevoir l'agent de ville qui est là prêt aussi pour participer à l'exécution de l'ordre, tout cela est fait clos et terminé depuis midi à 3 heures de la journée et la fontaine des miracles ne donne plus à Bordeaux.! mais pour moi ce qu'il y a de plus réel, c'est l'incompatibilité à pour quelques rares exceptions qui existent entre le mandat de représentant du peuple à l'assemblée nationale et des fonctions qu'on exerce soit dans l'ordre administratif soit dans l'ordre judiciaire, il me semble que le sacrifice de l'une ou de l'autre est indispensable — un parquet surtout, ne peut pas rester veuf de son chef et celui de Bordeaux aurait trop à perdre privé même momentanément de l'homme qui a consacré sa vie entière aux études et 20 années à la magistrature. —

Je le prouve : Que Mr. Compans représentant du peuple procureur de la République à la fois se trouve à l'assemblée à Paris au moment où dans son parquet s'agiterait la question de savoir ce qu'on ferait d'une ordonnance de renvoi de la chambre du conseil, dont l'embarras pèse et dont on ne sait que faire ? Croyez vous qu'il y aurait là des substituts des juges suppléants qui prissent sur eux de lui donner un narcotique pour le faire dormir pendant 14 mois, admettons qu'il survienne un individu qui aurait volé, escroqué partout, enlevé les vraies saisies dont il était gardien ; qui se sera environné de fraude de collusion de mensonge et de calomnie ; qui aura un faux peut-être et qui poussera le cynisme jusqu'à se plaindre des créanciers très porteurs qu'il ne paye pas, à qui il ne donne pas un sou, à qui il n'a jamais rien donné qui se plaindra dis-je que ce très porteur l'assigne. que cette espèce si singulière de plaignant, soit qu'il s'appelle Blavignac ou Jérôme Gorgu, qu'il soit ou non parent de Mr. Dupérier de Larsan (ce ne fait rien à la chose), les substituts tous membres du parquet et même jusqu'à celui qui le balaye, diront de cet homme : C'est un fripon, le type de la mauvaise foi et de l'audace ; il faut l'arrêter dans ses méfaits ; que Mr. Avt. Compans au contraire soit au parquet lui, avec les études de toute sa vie et ses Vingt ans de magistrature, ce type en question, ce fripon fieffé, ce frère aîné de Robert Macaire sera la plus innocente et la plus aimable des Créatures, s'appela-t-elle Blavignac ou Jérôme Gorgu, fut-elle ou non parente de Mr. Dupérier de Larsan !

Les exemples viendraient en foule, en preuve de l'indispensabilité pour le parquet de Bordeaux, des Vingt années de magistrature, de son chef et des études de la vie entière de cet homme phénoménalement studieux — Aller donc, qu'on puisse concilier le besoin de sa présence dans les fonctions de procureur de la République, et cette présence à l'assemblée qui serait tout aussi nécessaire dès qu'il serait nommé — Les électeurs seront assez généreux pour sortir Mr. Compans de cette fausse position.

assigné le 22 août, dans la soirée pour comparaître le 4 7bre à l'audience de la Cour d'assises, et, par suite des diverses causes qui ont déjà été et seront encore développées par ce Mémoire, ne pouvant espérer d'être prêt à présenter ce jour-là ma défense, je dus adresser la lettre suivante à Monsieur le Président des assises du troisième trimestre de 1848.

A Monsieur Vignial, Conseiller à la Cour d'Appel de Bordeaux, désigné pour présider les prochaines assises de la Gironde.

Monsieur le Président,

Cité pour comparaître le quatre Septembre prochain devant la Cour que vous devez présider, je viens vous demander, pour ne pas me voir placé dans la nécessité de faire défaut, de vouloir bien renvoyer à la fin des assises, l'affaire pour laquelle je suis appelé.

Arrivé de Paris, où j'étais depuis six semaines, seulement le trois de ce mois, et n'ayant comparu que le cinq devant Mr. le Juge d'instruction (privé de la connaissance des griefs retenus sur la plainte, connaissance que je n'ai eue que le 22 du courant au soir, par la notification de l'arrêt de renvoi) la promptitude avec laquelle l'information a été conduite, ne m'a pas permis, dans l'état de souffrance où je suis, antérieurement à mon retour de Paris, de préparer convenablement les moyens de défense que j'ai à présenter.

Je crois, d'après cela, pouvoir compter, Monsieur le Président, que vous accueillerez favorablement ma demande, et que vous m'accorderez la remise qu'elle a pour objet de solliciter.

J'ai l'honneur d'être respectueusement &a

Bordeaux, 24 août 1848.

Tout devait me faire espérer que la demande que contient la lettre qui précède me serait accordée. Il n'en a rien été. Mr. le président, renonçant au droit qui lui est personnellement (par l'article 306 du code d'instruction Criminelle) conféré d'accorder, même d'office, et pour un terme plus éloigné (la Session Suivante) le renvoi que je sollicitais, éluda cette demande par des raisons que j'aurai probablement à faire connaître plus loin, raisons qui ne prouvaient parfaitement qu'une chose, à savoir le plan formé, l'intention arrêtée de me déborder, en ne me laissant que le moins de temps possible pour la préparation de ma défense, intention déjà plus que suffisamment démontrée par la vélocité d'une information faite à toute vapeur en avec double locomotive.

Bordeaux, le 20 août 1848.

À Monsieur le Président du Tribunal civil.

Monsieur le Président,

Un procès qui aux yeux de la raison ne saurait en être un, existe en mon nom contre Mr le Receveur Général, devant la 1ère chambre que vous présidez. Au zèle depuis longtemps il a été appelé pour la 3e fois le 17 Juillet dernier, les Conclusions respectivement prises, en posées, sauf à les changer, modifier.

Ma position, celle que la méchanceté des hommes, la perfidie et la trahison m'ont faite, rendent pour moi, vous le comprendrez, la solution, le jugement de ce procès urgents ; le retard qui existe déjà me porte, m'a porté un grand préjudice ; ce retard se prolongeant ne peut que l'accroître. Appréciateur, dans la haute portée de votre esprit, de la position des parties en les appréciant comme homme et comme juge, comme chef du Tribunal où se développera la procédure, aux intérêts conservateurs ; sous ces doubles titres, je suis certain d'avance que ma lettre ne restera pas auprès de vous sans effet, et que, s'il arrivait qu'il y eut impossibilité que l'affaire vienne en être jugée demain, intervertissant le jour où elle est fixée (le mardi) vous la ferez appeler le jour suivant, où l'on éviterait le retard que cette affaire, que je ne crains pas de le répéter, n'en est par une a déjà éprouvé ; — par sa nature elle n'est susceptible ni de détails ni de discussions, les arguments viennent ici se briser devant le fait, yen de tous ceux qui ont existé et pourront exister, c'est et il restera le plus simple.

Je n'ai pas pris d'avocat, j'ai remis un écrit signé à mon avoué, dont la lecture, que le Tribunal voudra bien entendre, précédera les Conclusions.

J'ai l'honneur d'être &c.

Comme on Comprend l'Égalité.

On n'a peut-être pas oublié ce procès Brezot en 1839, — ce procès ou trois fois défaillant en l'étant encore, il fut pour avoir enlevé 24,000 fcs de vins saisis confiés à sa garde en commis ce délit au milieu des circonstances les plus aggravantes, condamné à .... 8 jours de prison, qu'il ne fit qu'un an après. J'ai perdu les vins et ma créance: demandez plutôt au riche Matador qui les a pris ou achetés.

Mais n'allons pas si loin quand des faits tout récents, tout frais sont là, sous la main.

J'ai un intérêt pressant à ce que la cause de l'affaire des rentes soit promptement jugée; nous touchons à la fin de la Session et depuis le mois de mai que cette cause est au rôle et le Mois de Juillet que les parties ont posé leurs conclusions, elle n'est pas venue, et je verrai arriver les vacances sans qu'elle soit jugée, les vacances finies et après tous ces préjudices, je serai peut-être sacrifié. À quoi ne dois-je pas m'attendre ?

Contraste : Depuis bientôt trois ans, on résiste à ordonner le dépôt d'actes dénoncés, celui d'un billet plus que présumé faux ; parce que cela aurait pu amener le paiement de ma créance.

On permet contre moi, même avant jugement, sur simple requête, l'exercice d'une saisie arrêt.

Un procès capital se plaide devant la première chambre de la cour le 8 Juin, les conclusions du Ministère public, me donnant complètement gain de cause, j'avais le plus grand intérêt que l'arrêt fût rendu sans retard. C'est le 29 ou le 30 qu'on le prononce, et je perds le procès.

Un égal intérêt pour moi était d'avoir le texte de cet arrêt, pour me pourvoir immédiatement.

On s'arrange, on s'entend, je n'ai point ce texte, et l'on ne me signifie par cet arrêt, de manière à gagner les vacances, et on les gagne, et l'on me prive, l'on retient, on arrête les derniers fonds qui me restent.

autre contraste : Cité pour le cinq août, on reçoit mon audition, plainte, griefs, rien ne m'est remis encore ; le 23 août j'apprends par la notification que la chambre du conseil a rendu une ordonnance de non lieu, que la chambre des mises en accusation, au contraire, a prononcé un renvoi en réformé cette première décision.

en. Je suis assigné pour l'audience du 4 7bre.

Étonné de cette course au galop, qui ne me laisse ni le temps de me reconnaître, ni celui de respirer, j'écris à Mr. le Président des assises pour demander que ma cause soit portée la dernière du rôle de la Session, ce qui ne se refuse jamais ; cet honorable Magistrat y est disposé, on y jete aussitôt un obstacle. On sait que je ne prends pas d'avocat, c'est trop cher et trop dangereux.

Voilà l'Égalité, et comme on la comprend même sous la République.

Si c'était là tout encore..... mais probablement on en verra bien d'autres avant que tout ceci soit fini.

_____

Bordeaux, 25 août 1848.

À Monsieur le Ministre de la Justice, à Paris.

Monsieur le Ministre,

J'ai l'honneur de mettre sous vos regards, en vous priant d'y jeter les yeux, Copie de la Lettre que j'ai adressée ce jour à Monsieur le Procureur Général près la Cour d'appel de Bordeaux ; et j'y joins celles des annexes qui ont accompagné cette lettre.

J'ai l'honneur d'être avec un très profond respect,

Monsieur le Ministre,

Votre &c.

P. S. Peut être aurai-je été assez heureux pour que vous lisiez mon Mémoire imprimé, que vous vous soyez arrêté à la lettre du 7 Mars 1848, page 45, adressée à Mr. de Chancel, et à ce chapitre où il est question de Mr. Duperier de Larsan.

Le 30 7bre courant, Monsieur le Ministre, un de ces coups qui suprement encore l'homme qui, comme moi, a passé par toutes les surprises et les déceptions, comme il a passé par toutes les injustices et les excès qui environnent toujours une grande oppression, qui part d'un point élevé.

Le Sept août on vient chez moi, où je suis retenu souffrant et accablé (les forces de l'homme ne sont pas toujours irrésistibles), on m'apprend que M. de Chancel, mon avocat depuis Trois ans, est parent de Blavignac, de ce Blavignac auteur pour moi, ou plastron de tant de souffrances et de calamités, et j'apprends bientôt qu'il n'est bruit que de ce fait au palais et ailleurs, seul je n'en parle pas.

Le Vingt j'écris à M. de Chancel, Douze ou Quinze jours je dévore, je comprime mon indignation.

M. de Chancel reçoit ma lettre, il arrive chez moi, tardive démarche! il explique qu'on a mal entendu ce qu'il a dit; que ce n'est point de M. Blavignac qu'il est parent, mais de M. Dupérier! J'aurai tant parlé à M. de Chancel, je lui aurai écrit, le Sept Mars, cette lettre si forte, qui est imprimée; je lui en aurai écrit successivement beaucoup d'autres, imprimées aussi, où il est question de cette parenté, indépendamment de celles qu'on peut lire dans mon Mémoire, adressées à des Magistrats, à de hauts fonctionnaires, et même à M. le Procureur Général où j'en parle aussi, et personne n'aura démenti le fait, relevé cette erreur! et M. de Chancel, qui est dans une intimité des plus étroites avec M. Dupérier, qui le voit tous les jours, M. de Chancel qui sait que j'imprime, ne m'aura pas dit: on vous a trompé, ou vous a mis dans l'erreur. M. Dupérier n'est point parent de Blavignac! et M. Dupérier lui même, aura gardé le silence sur ce fait dix, vingt fois écrit, pour le rompre, après un Mois de l'apparition de mon Mémoire, par une plainte! Mais si M. Dupérier voulait porter une plainte pour ce fait et ses inductions, ce n'était pas contre moi, mais contre son parent, son ami, son intime M. Émile de Chancel, mon avocat depuis Trois ans, qu'il devait la diriger.

Puisque un homme ne devient pas fou après tout ce qui m'arrive, je soutiens que la folie n'existe pas, qu'elle est un jeu, un simulacre, ou l'effet de l'imagination troublée.

―――――――――

à Monsieur le Procureur Général près la Cour d'appel
de Bordeaux,

Monsieur le Procureur Général,

J'ai l'honneur de mettre sous vos yeux copie d'une lettre du dix au Onze Août Courant et une autre du Vingt cinq du même Mois, cette dernière adressée directement à Mr. Nouiller mon avoué.

J'y place également la lettre que j'ai dû écrire le 24 Courant au très honorable Président des assises, ma demande était des plus simples et de celles qui ne se refusent pas, lorsqu'elles sont surtout aussi légitimes que dans le cas ; aussi Mr. le Président ne voyait-il, pour lui même, aucun obstacle à m'accorder ma juste réclamation, mais il s'est réservé d'en conférer avec vous.

Enfin j'ajoute à ces copies, celle d'un Extrait pris dans une défense.

Je suis, Monsieur le Procureur Général, avec le plus profond respect,
votre très humble &c.

Bordeaux, le 28 août 1848.

Péroraison.

Une vague rumeur qui vient jusqu'à moi, m'apprend que des ordres ministériels ont placé Mr. Dupérier dans l'alternative de résigner ses fonctions ou de repousser les reproches qui lui sont adressés, les inductions tirées de sa parenté avec Blavignac, est-ce réel, je l'ignore et ne suis placé de manière à le savoir.

Entendons nous : induction, a une grande portée. Mr. Dupérier, par sa conduite même passive aura attaché sa personne, ses fonctions à des faits désavouables ; et sous ce premier rapport tout existe, on ne détruit rien, on n'essaye de rien détruire, on se sert, ou emploie seulement ce moyen si commun quand on n'a rien à dire : des généralités. C'est ainsi que comme phrase on voit, dans l'accusation, que mon Mémoire est une tendance continuelle à la Diffamation. Mais non, ce n'est point une tendance ; c'est ce qu'il y a au monde de plus explicite et direct. Défendez vous en donc, et si vous ne pouvez détruire, eh bien je suis généreux : essayez d'affaiblir ; puis-je vous faire plus beau jeu ? mais, sincère, je sais que vous ne le pouvez pas, que vous ne le pourriez jamais.

Maintenant et sans rien retrancher de l'existence des faits et des horreurs, des mystères qui couvent encore là Dessous, par une involontaire et la plus légitime des erreurs, dans laquelle, c'est positif, on a voulu me laisser, apprenant et disant et répétant que M͞e Dupérier est parent de Blavignac. Qu'ajoute ce fait aux faits ? il y ajoute un mystère, un des Mystères qui pourrait n'en être plus un, un motif ostensible et désormais connu pour Dupérier d'avoir agi comme il a agi en ce qui a pu dépendre de lui même et de ses influences. Il arrive qu'il n'est pas parent de Blavignac ; eh bien, ce fait ostensible disparait, mais tous les faits occultes restent ! Car ce qu'on a fait pour Blavignac, ces faveurs, ces oublis de tous existent encore, et ce ne sont pas des inductions, ou la vie, ses besoins, sa réalité, ses plaisirs, ses souffrances, tout cela serait, à ce compte, des inductions ; ou l'homme qui meurt de faim et qui préfère la mort qu'à tendre la main ou à mettre à nu sa Misère c'est aussi une induction !

Eh quoi ! vous avez réuni sur moi toutes les plaies, est-ce là une induction ? et vous, si habiles à mesurer le tems, rappelez vous cette mesure que vous avez trouvé pour établir l'habitude d'usure, ces vingt années qui renferment à peine, dans leur immense étendue, 30,000 Francs !

Rappelez vous cette belle trouvaille si complètement au dessous de toute critique, est-ce une induction ; et ces dix années que vous m'avez fait passer sous les fourches caudines de vos vengeances, ces Dix années sont elles des inductions ?...

Lecteur, par ma brochure de 1844, mon Autographier de 1848 mon Mémoire imprimé de Juin Dernier, cette insurrection morale contre l'injustice en ce qu'elle entraine lorsque les passions tourbillonnent autour d'elle, et enfin par celui qui, je l'espère, sera le Dernier, tu es entré dans les infâmes recrudescences qui sont venues en 1845 ajouter en se fondre dans celle de 1839 en des années successives. Ce que tu ne connais pas, et trois gros volumes en sont remplis, ce sont les accessoires, ces trente ou quarante indignités matérielles, grosses de dégoûts et de non sens, et je les appelle les grelots de cette infamie si longue, si continue.

  Je te dois encore, lecteur, quelque chose, et je suis à la veille d'acquitter ma dette. Ce que je te dois c'est ma défense: préparée dans moins de huit jours, tu l'auras; et, après cela, je défie mes ennemis fussent-ils plus puissants et plus compromis encore, je les défie!

_____

Post-Scriptum.

Jeudi, 21 Septembre 1848, entre midi et une heure, Mr. Nadal, huissier (parlez-moi de cette figure franche et ouverte; elle devrait servir de moule pour tous les autres huissiers), est venu me signifier l'arrêt par défaut rendu le 14 Courant. Je me suis mis sur le pied de ne lire aucun de ces grimoires, et j'ai un ami qui me supplée parfaitement.

A cet ami, homme de goût, excellent littérateur, je donne là une triste, une ennuyeuse besogne ; mais je l'en dédommagerai un jour par une belle édition illustrée et dorée sur tranche des Œuvres de **Lafontaine**...... Oncques, mon ami, qui a le courage de lire sérieusement pour moi tout cela, m'a mis sous les yeux le passage suivant de l'arrêt en question.

Je Copie :

" ...... Attendu que l'action dirigée contre Jacob **Vaz** et Prosper
" **Faye** a quelque chose d'**indivisible**, et qu'il y aurait un grave
" inconvénient à procéder contradictoirement au jugement du complice en
" l'absence de l'auteur principal du délit ....
"
" « La cour .... **Disjoint** les poursuites dirigées
" contre Jacob Vaz et Prosper Faye, à raison de l'écrit dont il s'agit au procès ;
" Renvoie le Jugement de la prévention, en ce qui concerne Faye, à la prochaine
" Session ; Ordonne qu'il sera procédé à l'instant par défaut au jugement de l'affaire
" en ce qui concerne Jacob Vaz &ª »

« La belle chute ! ...... » Par politesse ou par déférence je n'ajouterai pas le reste de la boutade d'Alceste ; mais je demanderai si c'est par le même procédé que, dans la plainte, l'information, l'arrêt de renvoi et enfin l'arrêt de jugement par défaut on a **Disjoint** de mon Mémoire ce fait incontestable qu'il a été publié et produit pour en dans un procès alors pendant devant la cour de cassation ? Je suis même tellement curieux que, suivant encore mon idée, je demanderai de plus si ce n'est pas par suite d'un oubli volontaire de termes très clairs du 1er paragraphe de l'article 23 de la loi du 17 Mai 1819, que ce commode procédé a été employé, pour arriver ainsi à me faire un procès en diffamation, dans des circonstances où la loi elle-même interdisait formellement toute ouverture à une action de ce genre ?...... Mais ces questions sont ici hors déplacé si elles ne sont pas hors de propos. On m'a fait un procès en diffamation, je l'accepte; seulement je déférerai à la cour suprême, dans le seul intérêt de la loi, toute cette procédure, depuis le commencement jusques et y compris cet arrêt par défaut qui **disjoint** ce qu'il vient de déclarer **indivisible**...... Mais, en vérité, je suis quelque fois bien...... naïf! Est-ce qu'il ne fallait pas, d'avance, justifier pleinement le titre de <u>Grand Coup de Boutoir de l'acharnement</u>, que j'ai donné à l'une des parties du Mémoire qui précède, en, dans cette situation, que pour quelques peccadilles ajoutées à celles si nombreuses qui existaient déjà?....

Quoiqu'il en soit de tout cela, vous verrez qu'avant trois mois il faudra, forcément, faire deux choses: 1º restituer, par la fin, au Mémoire poursuivi, le caractère qu'on a essayé de lui ôter, celui d'un écrit publié et produit dans un procès pendant devant la Cour de Cassation; 2º **Rejoindre** ce qu'on a **disjoint** qu'en donnant une entorse aux plus simples règles de la logique. Peut on ainsi en gratuitement prendre tant de peine?...... Voilà cependant ce qui arrive quand on est aussi profondément engagé dans une mauvaise voie. Avec du talent et du tact, on agit comme si l'on était complètement dépourvu de l'un et de l'autre!

Lecteur, je forme opposition à cet arrêt par défaut; et, pour te dédommager de l'ennui qu'a dû te causer la lecture de ce dernier Mémoire, je t'invite à venir, aux assises prochaines, assister au jugement définitif. Tu y verras beaucoup de choses curieuses, et n'y apprendrais tu, par mon exemple, que la manière de se passer d'avocat, j'ai trop bonne opinion de toi pour n'être pas certain d'avance que tu ne regretteras pas le temps que tu auras ainsi employé.

www.ingramcontent.com/pod-product-compliance
Lightning Source LLC
Chambersburg PA
CBHW060515050426
42451CB00009B/997